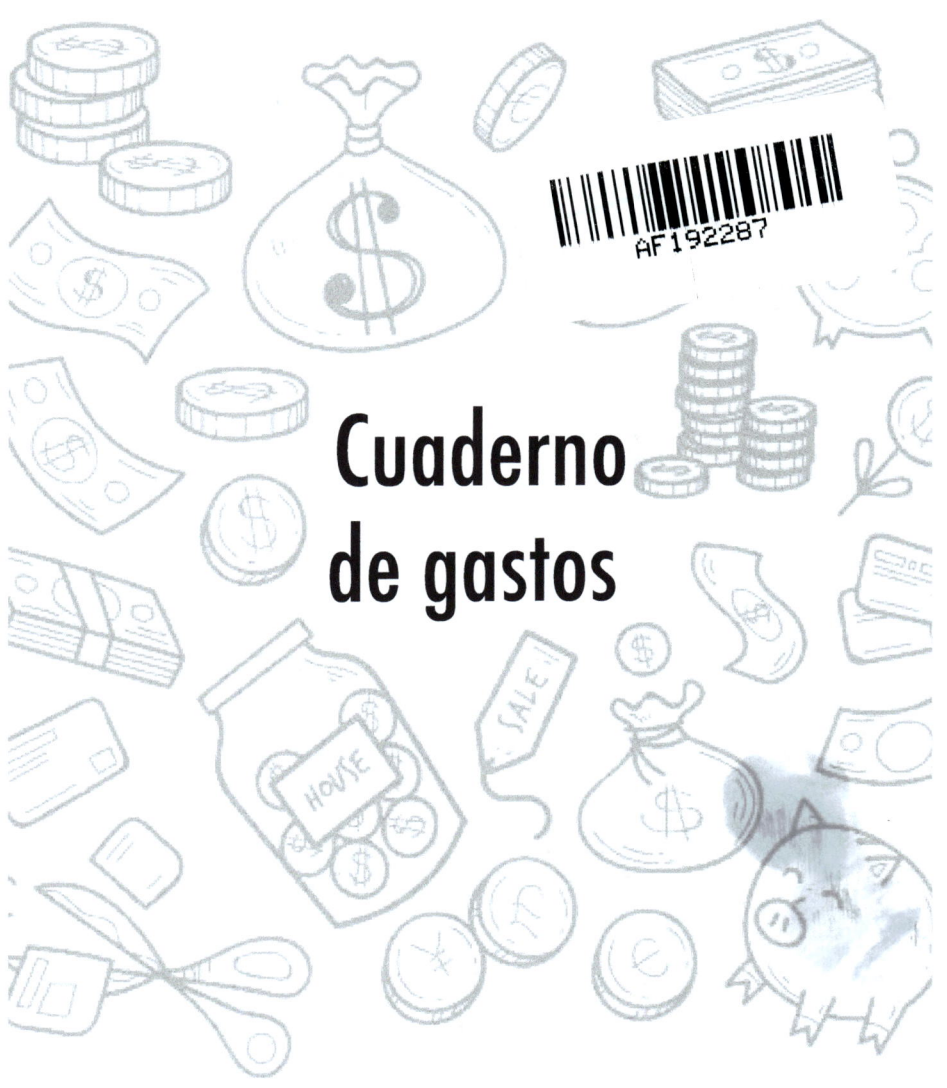

Cuaderno de gastos

Too many people spend money they earned..to buy things they don't want..to impress people that they don't like.

WILL ROGERS

RESUMEN SEMANAL

	SEMANA			

DÍA DE LA SEMANA / FECHA

GASTO	€	€	€	€	€	€	€	TOTAL
Transporte / Goastos de viaje								
Gastos en gasolina								
Alimentos								
Comida y bebida								
Ropa, Otros								
Material de lectura								
Hobbies, deportes								
Salidas (Cine, etc...)								

TOTAL

SEMANA								

DÍA DE LA SEMANA / FECHA

GASTO	€	€	€	€	€	€	€	TOTAL
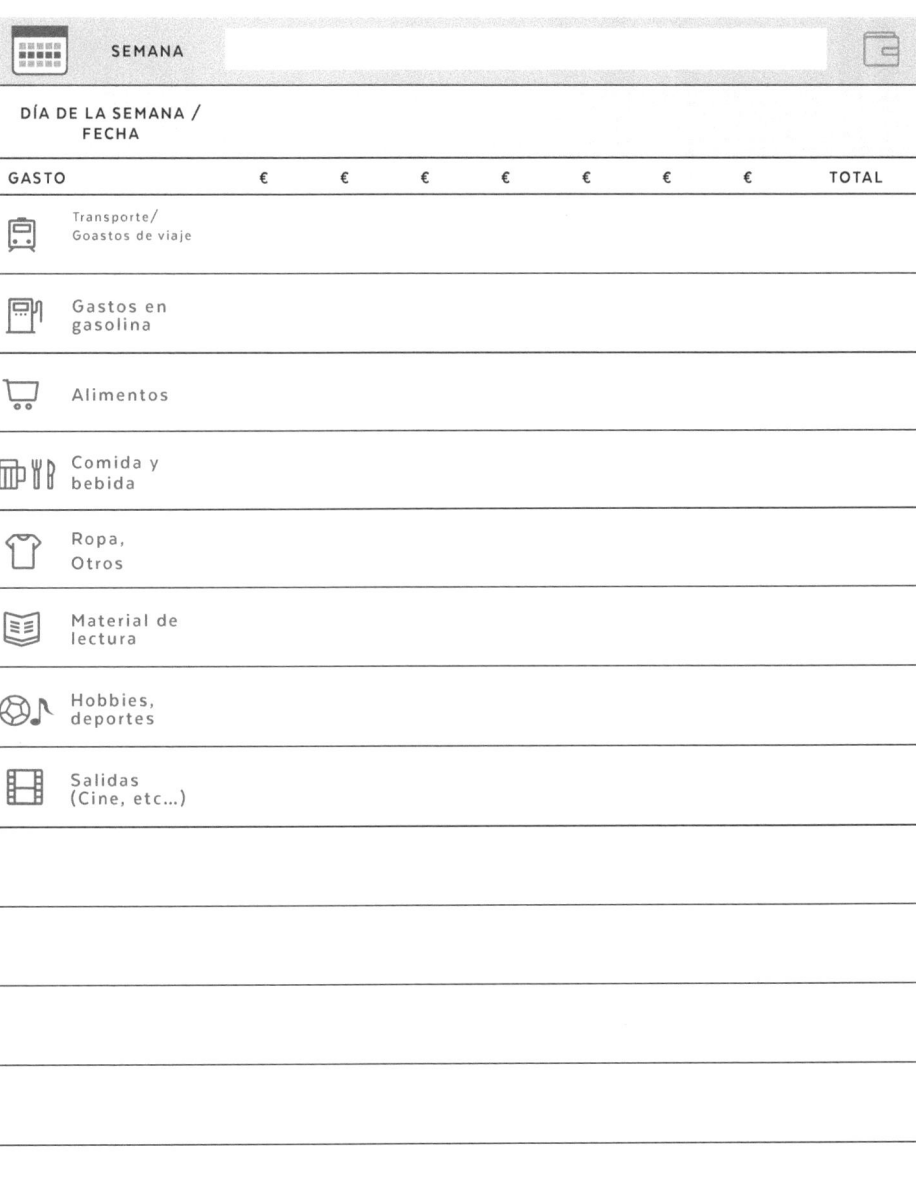 Transporte/ Goastos de viaje								
Gastos en gasolina								
Alimentos								
Comida y bebida								
Ropa, Otros								
Material de lectura								
Hobbies, deportes								
Salidas (Cine, etc...)								
TOTAL								

	SEMANA								

DÍA DE LA SEMANA / FECHA								

GASTO	€	€	€	€	€	€	€	TOTAL
Transporte/ Goastos de viaje								
Gastos en gasolina								
Alimentos								
Comida y bebida								
Ropa, Otros								
Material de lectura								
Hobbies, deportes								
Salidas (Cine, etc...)								
TOTAL								

GASTO	€	€	€	€	€	€	€	TOTAL
Transporte/ Goastos de viaje								
Gastos en gasolina								
Alimentos								
Comida y bebida								
Ropa, Otros								
Material de lectura								
Hobbies, deportes								
Salidas (Cine, etc…)								

SEMANA

DÍA DE LA SEMANA / FECHA

TOTAL

	SEMANA								

DÍA DE LA SEMANA / FECHA									
GASTO	€	€	€	€	€	€	€	TOTAL
Transporte/ Goastos de viaje								
Gastos en gasolina								
Alimentos								
Comida y bebida								
Ropa, Otros								
Material de lectura								
Hobbies, deportes								
Salidas (Cine, etc…)								
TOTAL								

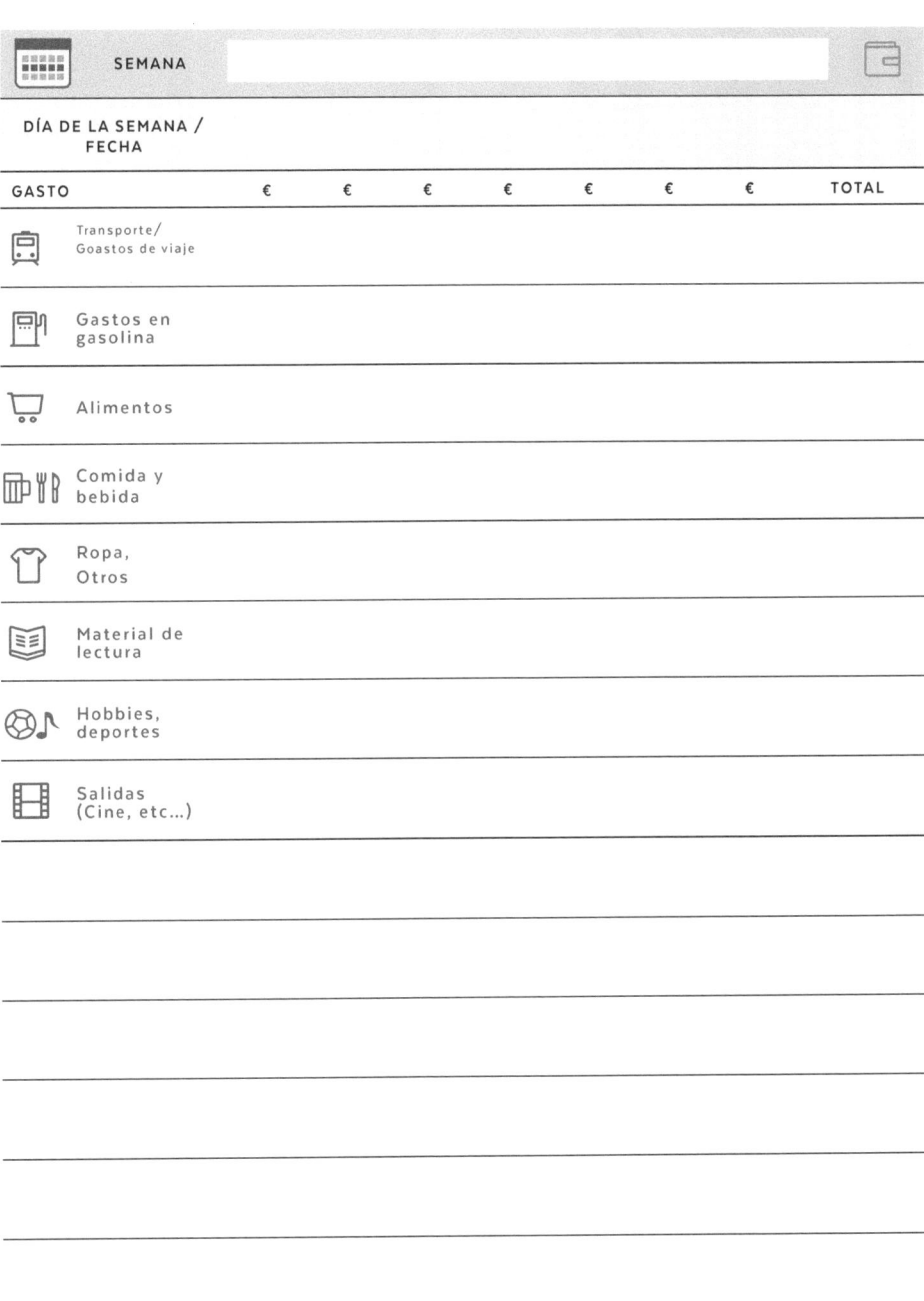

GASTO		SEMANA							
DÍA DE LA SEMANA / FECHA									
GASTO	€	€	€	€	€	€	€	€	**TOTAL**
Transporte/ Goastos de viaje									
Gastos en gasolina									
Alimentos									
Comida y bebida									
Ropa, Otros									
Material de lectura									
Hobbies, deportes									
Salidas (Cine, etc...)									
TOTAL									

	SEMANA									

DÍA DE LA SEMANA / FECHA									

GASTO	€	€	€	€	€	€	€	TOTAL
Transporte/ Goastos de viaje								
Gastos en gasolina								
Alimentos								
Comida y bebida								
Ropa, Otros								
Material de lectura								
Hobbies, deportes								
Salidas (Cine, etc...)								

TOTAL									

GASTO		€	€	€	€	€	€	€	TOTAL
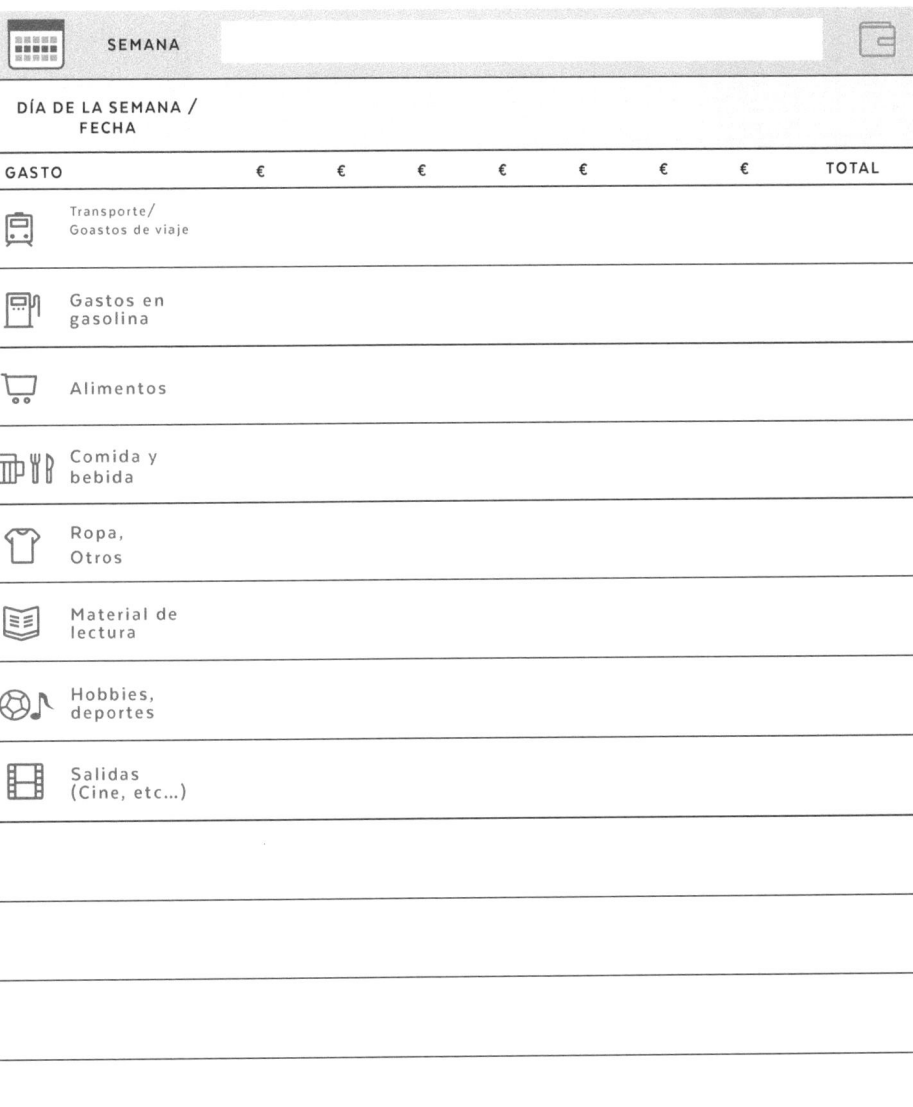 Transporte/ Goastos de viaje									
Gastos en gasolina									
Alimentos									
Comida y bebida									
Ropa, Otros									
Material de lectura									
Hobbies, deportes									
Salidas (Cine, etc…)									

SEMANA

DÍA DE LA SEMANA / FECHA

TOTAL

SEMANA									

DÍA DE LA SEMANA / FECHA

GASTO	€	€	€	€	€	€	€	TOTAL
Transporte/ Goastos de viaje								
Gastos en gasolina								
Alimentos								
Comida y bebida								
Ropa, Otros								
Material de lectura								
Hobbies, deportes								
Salidas (Cine, etc...)								
TOTAL								

	SEMANA									

DÍA DE LA SEMANA / FECHA

GASTO		€	€	€	€	€	€	€	TOTAL
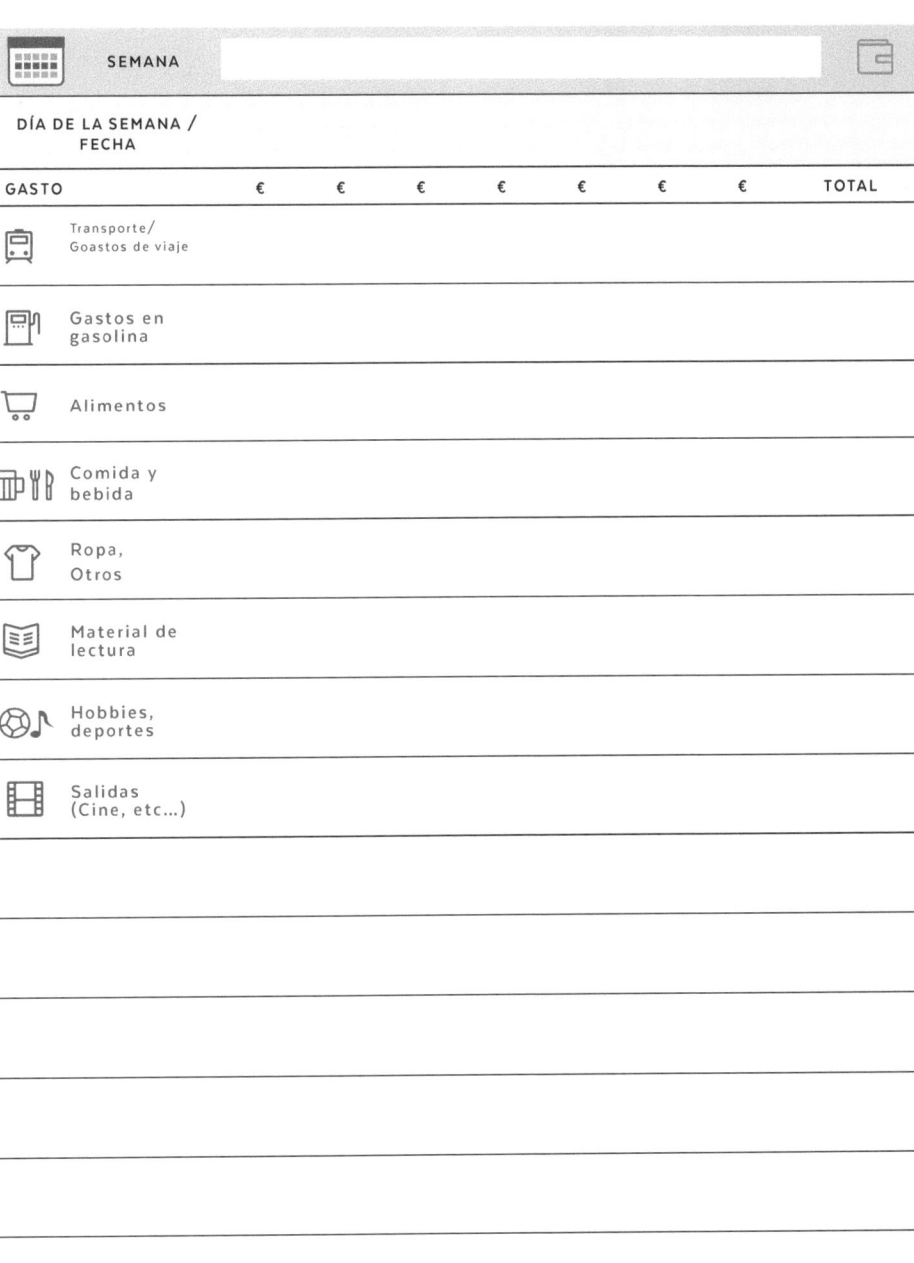	Transporte/ Goastos de viaje								
	Gastos en gasolina								
	Alimentos								
	Comida y bebida								
	Ropa, Otros								
	Material de lectura								
	Hobbies, deportes								
	Salidas (Cine, etc…)								

TOTAL

	SEMANA								

DÍA DE LA SEMANA / FECHA									
GASTO	€	€	€	€	€	€	€	TOTAL
Transporte/ Goastos de viaje								
Gastos en gasolina								
Alimentos								
Comida y bebida								
Ropa, Otros								
Material de lectura								
Hobbies, deportes								
Salidas (Cine, etc…)								
TOTAL								

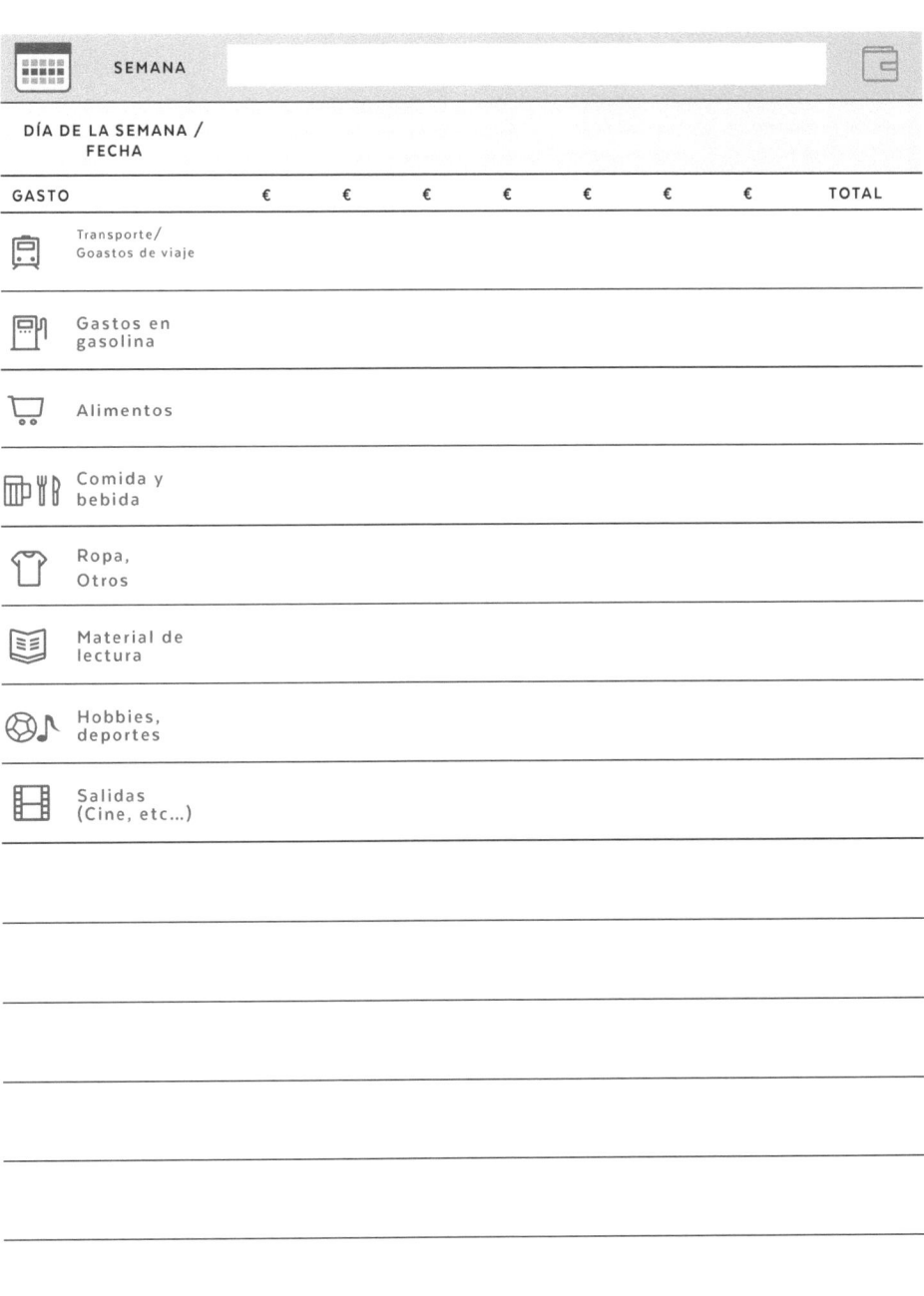

GASTO		€	€	€	€	€	€	€	TOTAL
	SEMANA								
	DÍA DE LA SEMANA / FECHA								
	Transporte/ Goastos de viaje								
	Gastos en gasolina								
	Alimentos								
	Comida y bebida								
	Ropa, Otros								
	Material de lectura								
	Hobbies, deportes								
	Salidas (Cine, etc...)								
	TOTAL								

	SEMANA									

DÍA DE LA SEMANA / FECHA									

GASTO	€	€	€	€	€	€	€	TOTAL
Transporte/ Goastos de viaje								
Gastos en gasolina								
Alimentos								
Comida y bebida								
Ropa, Otros								
Material de lectura								
Hobbies, deportes								
Salidas (Cine, etc...)								

TOTAL								

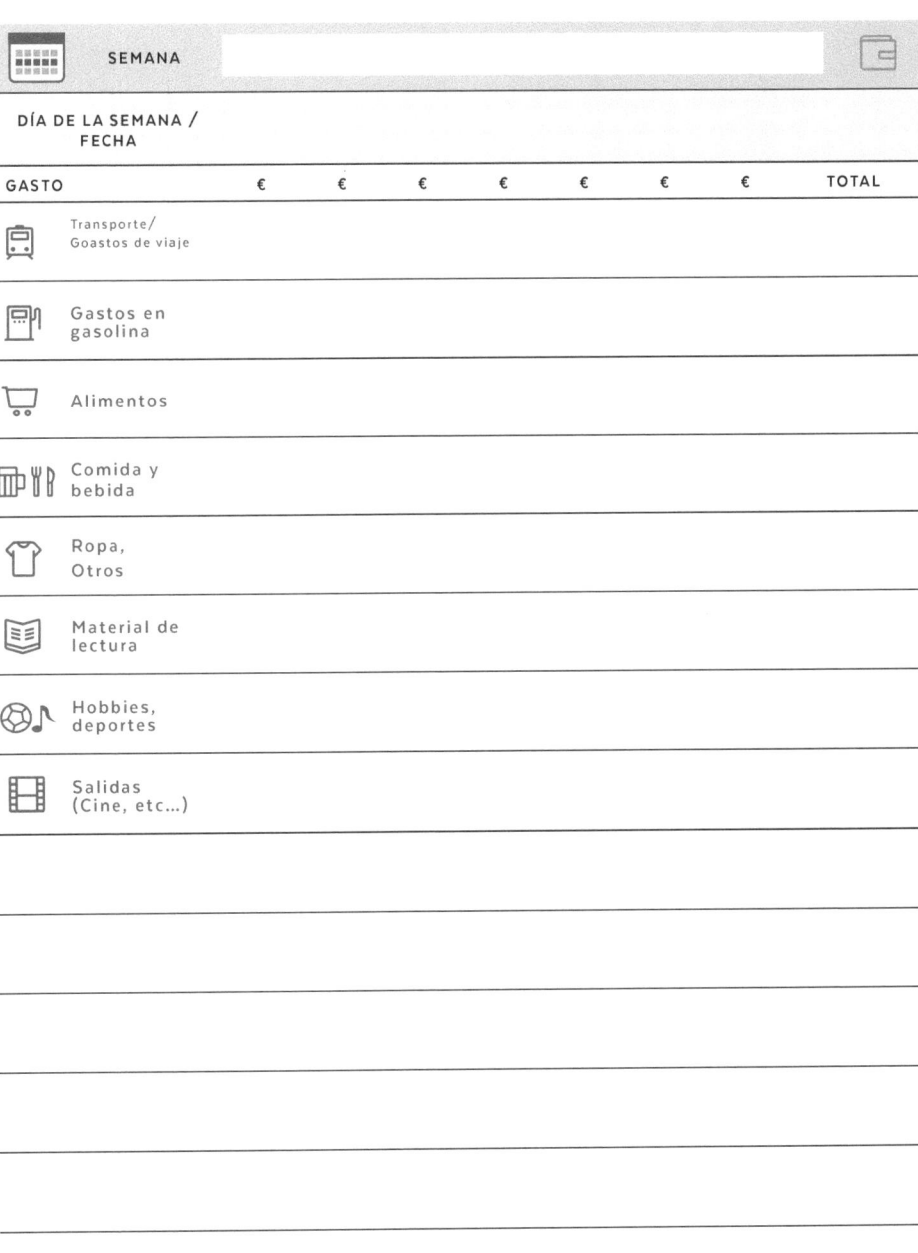

SEMANA								

DÍA DE LA SEMANA / FECHA

GASTO	€	€	€	€	€	€	€	TOTAL
Transporte/ Goastos de viaje								
Gastos en gasolina								
Alimentos								
Comida y bebida								
Ropa, Otros								
Material de lectura								
Hobbies, deportes								
Salidas (Cine, etc…)								
TOTAL								

| SEMANA | | | | | | | | | |

DÍA DE LA SEMANA / FECHA									
GASTO	€	€	€	€	€	€	€		TOTAL
Transporte/ Goastos de viaje									
Gastos en gasolina									
Alimentos									
Comida y bebida									
Ropa, Otros									
Material de lectura									
Hobbies, deportes									
Salidas (Cine, etc...)									
TOTAL									

SEMANA									

DÍA DE LA SEMANA / FECHA									
GASTO	€	€	€	€	€	€	€	**TOTAL**
Transporte/ Goastos de viaje								
Gastos en gasolina								
Alimentos								
Comida y bebida								
Ropa, Otros								
Material de lectura								
Hobbies, deportes								
Salidas (Cine, etc…)								

TOTAL									

		SEMANA									

DÍA DE LA SEMANA / FECHA										
GASTO	€	€	€	€	€	€	€	TOTAL
Transporte/ Goastos de viaje								
Gastos en gasolina								
Alimentos								
Comida y bebida								
Ropa, Otros								
Material de lectura								
Hobbies, deportes								
Salidas (Cine, etc...)								
TOTAL								

GASTO		€	€	€	€	€	€	€	TOTAL
	SEMANA								
DÍA DE LA SEMANA / FECHA									
	Transporte/ Goastos de viaje								
	Gastos en gasolina								
	Alimentos								
	Comida y bebida								
	Ropa, Otros								
	Material de lectura								
	Hobbies, deportes								
	Salidas (Cine, etc…)								
TOTAL									

SEMANA									

DÍA DE LA SEMANA / FECHA

GASTO	€	€	€	€	€	€	€	TOTAL
Transporte/ Goastos de viaje								
Gastos en gasolina								
Alimentos								
Comida y bebida								
Ropa, Otros								
Material de lectura								
Hobbies, deportes								
Salidas (Cine, etc…)								

TOTAL

GASTO	€	€	€	€	€	€	€	TOTAL

SEMANA

DÍA DE LA SEMANA / FECHA

	GASTO	€	€	€	€	€	€	€	TOTAL
	Transporte/ Goastos de viaje								
	Gastos en gasolina								
	Alimentos								
	Comida y bebida								
	Ropa, Otros								
	Material de lectura								
	Hobbies, deportes								
	Salidas (Cine, etc…)								

TOTAL

	SEMANA								

DÍA DE LA SEMANA / FECHA									

GASTO	€	€	€	€	€	€	€	TOTAL
Transporte/ Goastos de viaje								
Gastos en gasolina								
Alimentos								
Comida y bebida								
Ropa, Otros								
Material de lectura								
Hobbies, deportes								
Salidas (Cine, etc...)								
TOTAL								

SEMANA									

DÍA DE LA SEMANA / FECHA

GASTO	€	€	€	€	€	€	€	TOTAL
Transporte/ Goastos de viaje								
Gastos en gasolina								
Alimentos								
Comida y bebida								
Ropa, Otros								
Material de lectura								
Hobbies, deportes								
Salidas (Cine, etc…)								

TOTAL

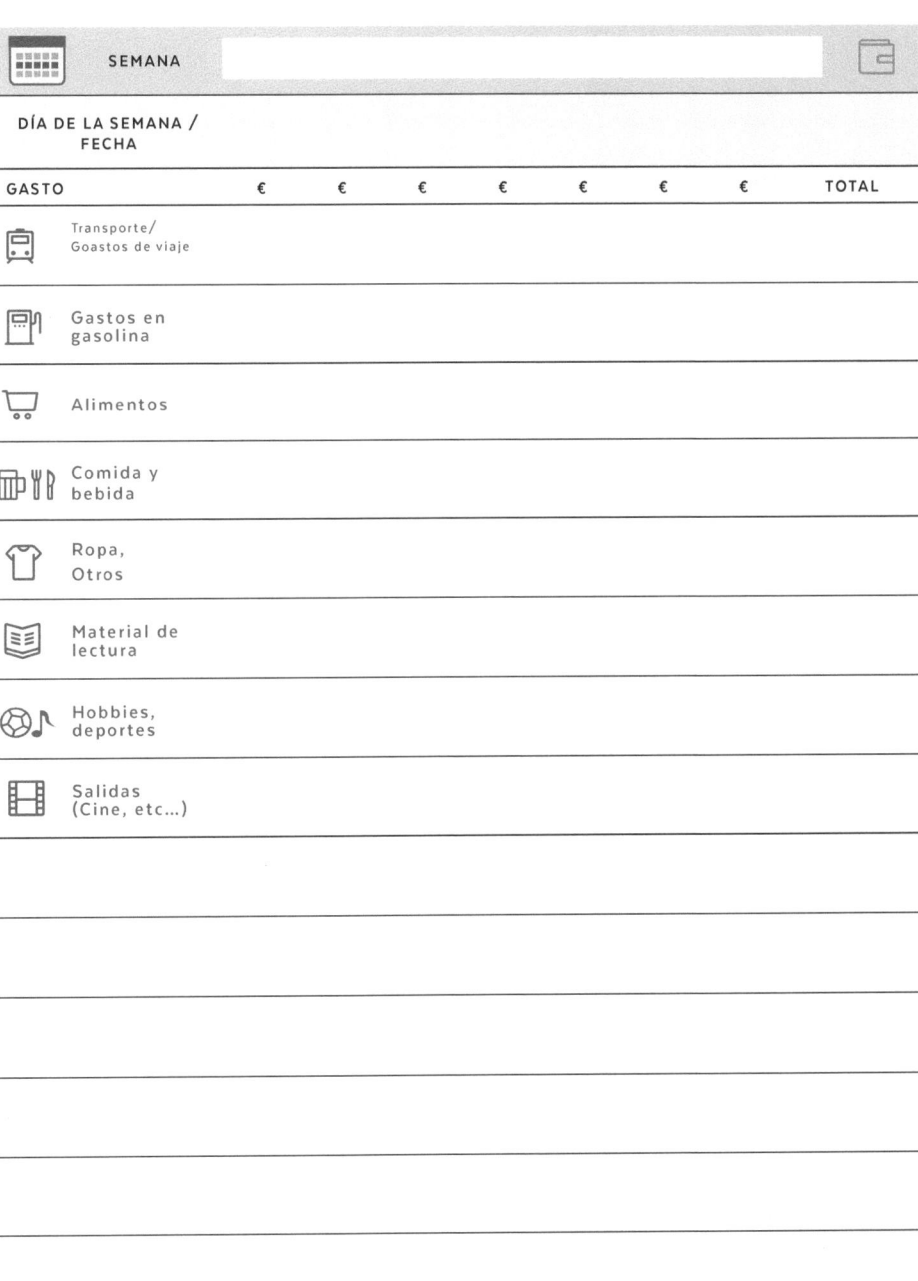

	SEMANA			

DÍA DE LA SEMANA / FECHA								
GASTO	€	€	€	€	€	€	€	TOTAL
Transporte/ Goastos de viaje								
Gastos en gasolina								
Alimentos								
Comida y bebida								
Ropa, Otros								
Material de lectura								
Hobbies, deportes								
Salidas (Cine, etc…)								
TOTAL								

GASTO		€	€	€	€	€	€	€	TOTAL
	SEMANA								
	DÍA DE LA SEMANA / FECHA								
	Transporte/ Goastos de viaje								
	Gastos en gasolina								
	Alimentos								
	Comida y bebida								
	Ropa, Otros								
	Material de lectura								
	Hobbies, deportes								
	Salidas (Cine, etc…)								
	TOTAL								

	SEMANA								

DÍA DE LA SEMANA / FECHA									

GASTO	€	€	€	€	€	€	€	TOTAL
Transporte/ Goastos de viaje								
Gastos en gasolina								
Alimentos								
Comida y bebida								
Ropa, Otros								
Material de lectura								
Hobbies, deportes								
Salidas (Cine, etc…)								
TOTAL								

	SEMANA								

DÍA DE LA SEMANA / FECHA

GASTO	€	€	€	€	€	€	€	TOTAL
Transporte/ Goastos de viaje								
Gastos en gasolina								
Alimentos								
Comida y bebida								
Ropa, Otros								
Material de lectura								
Hobbies, deportes								
Salidas (Cine, etc…)								

TOTAL

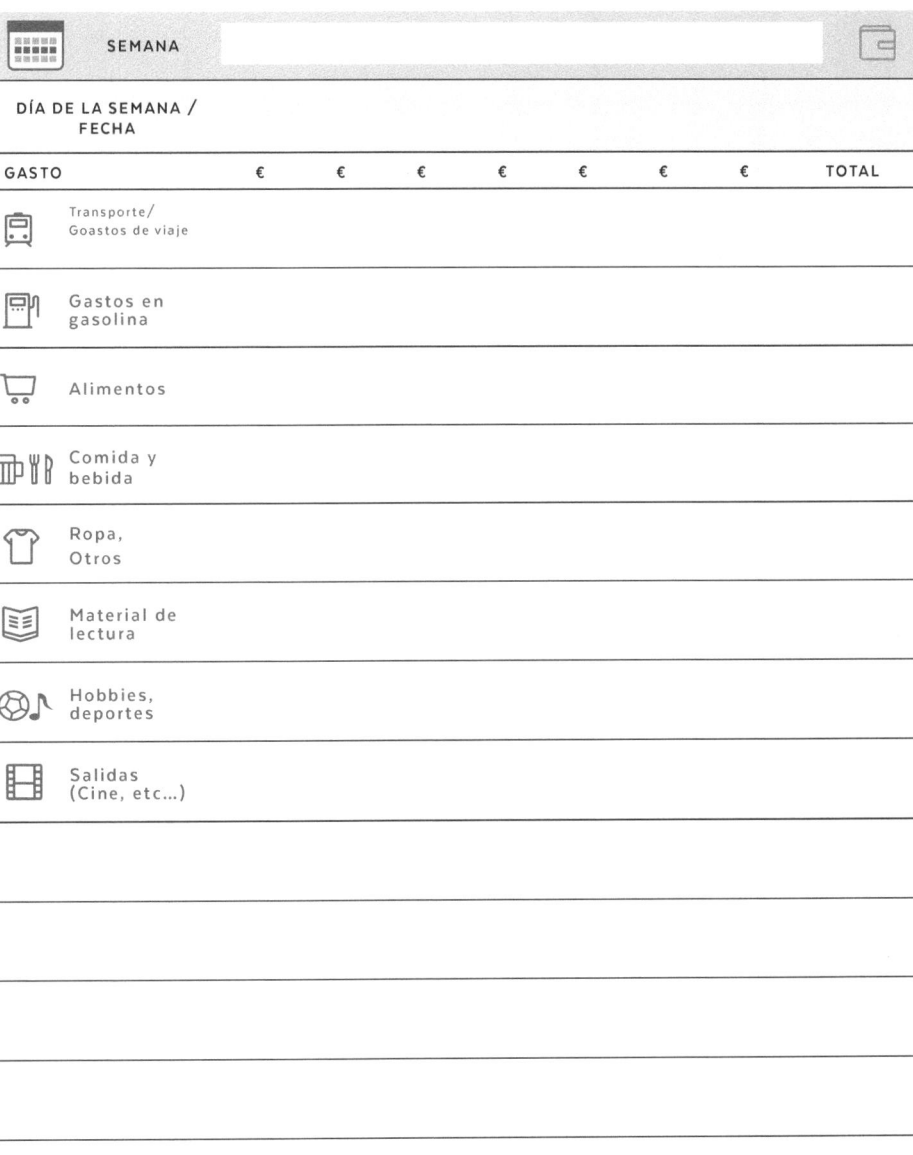

	SEMANA								

DÍA DE LA SEMANA / FECHA									

GASTO	€	€	€	€	€	€	€	TOTAL
Transporte/ Goastos de viaje								
Gastos en gasolina								
Alimentos								
Comida y bebida								
Ropa, Otros								
Material de lectura								
Hobbies, deportes								
Salidas (Cine, etc…)								

TOTAL

SEMANA									

DÍA DE LA SEMANA / FECHA

GASTO	€	€	€	€	€	€	€	TOTAL
Transporte/ Goastos de viaje								
Gastos en gasolina								
Alimentos								
Comida y bebida								
Ropa, Otros								
Material de lectura								
Hobbies, deportes								
Salidas (Cine, etc...)								

TOTAL

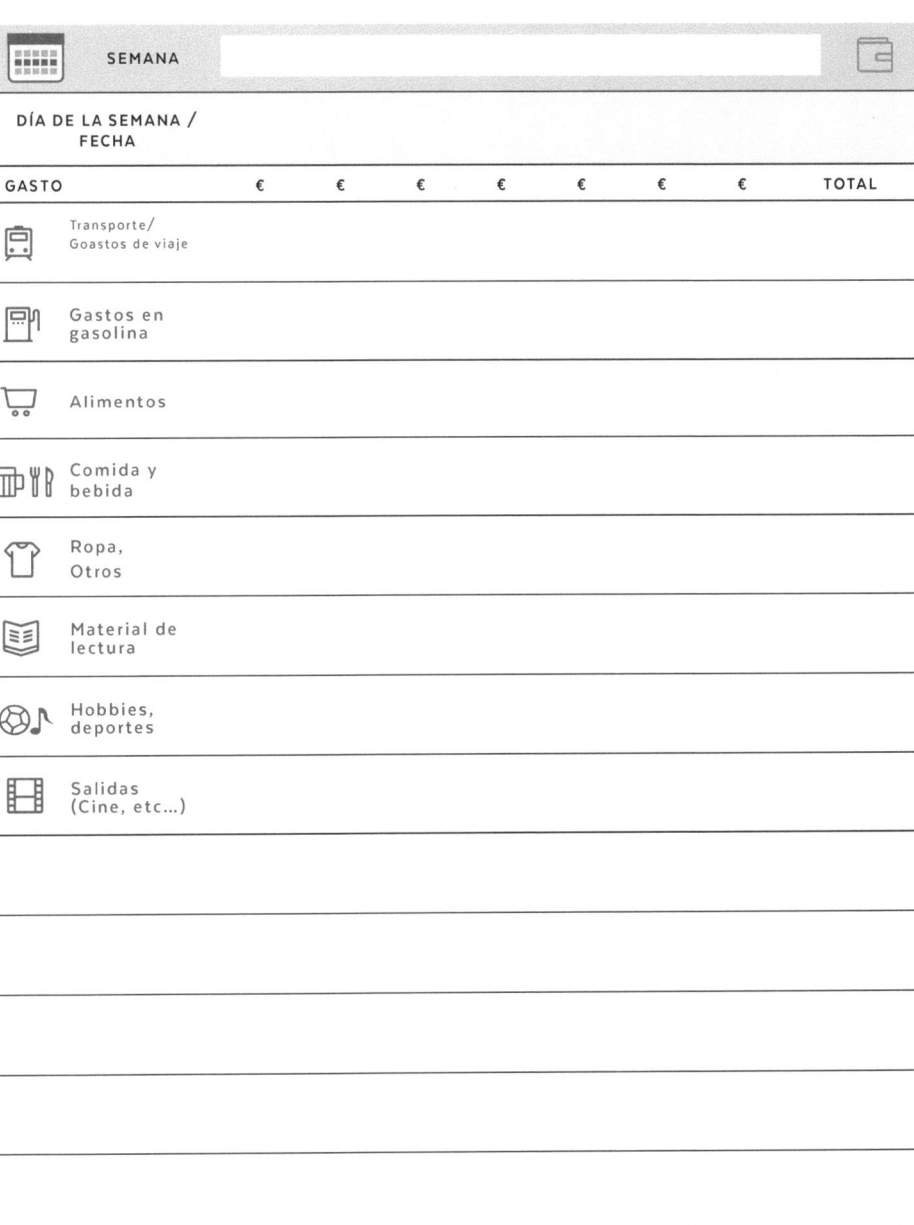

	SEMANA			

DÍA DE LA SEMANA / FECHA								

GASTO	€	€	€	€	€	€	€	TOTAL
Transporte/ Goastos de viaje								
Gastos en gasolina								
Alimentos								
Comida y bebida								
Ropa, Otros								
Material de lectura								
Hobbies, deportes								
Salidas (Cine, etc...)								

TOTAL								

	SEMANA								

DÍA DE LA SEMANA / FECHA

GASTO	€	€	€	€	€	€	€	TOTAL
Transporte/ Goastos de viaje								
Gastos en gasolina								
Alimentos								
Comida y bebida								
Ropa, Otros								
Material de lectura								
Hobbies, deportes								
Salidas (Cine, etc…)								
TOTAL								

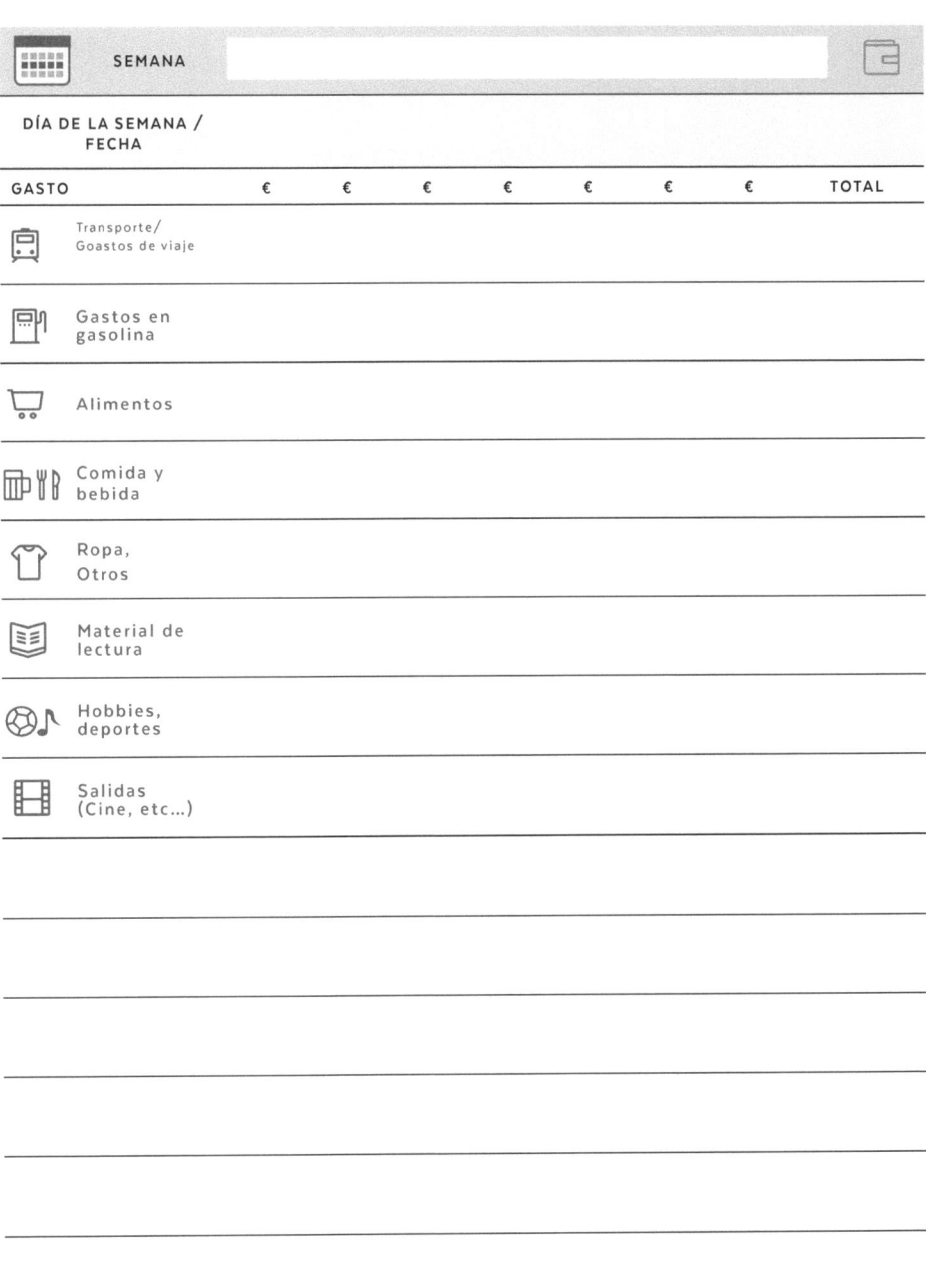

	SEMANA									

DÍA DE LA SEMANA / FECHA								

GASTO	€	€	€	€	€	€	€	TOTAL
Transporte/ Goastos de viaje								
Gastos en gasolina								
Alimentos								
Comida y bebida								
Ropa, Otros								
Material de lectura								
Hobbies, deportes								
Salidas (Cine, etc...)								
TOTAL								

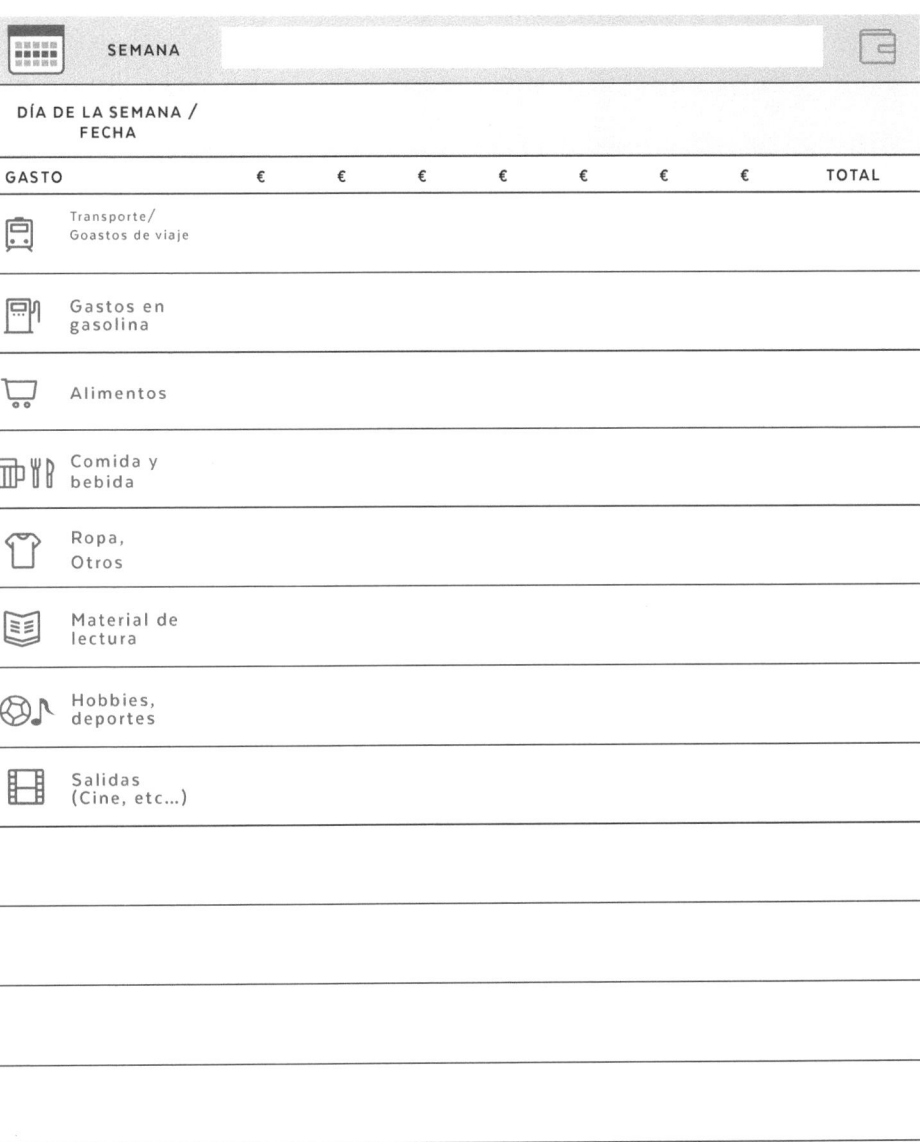

SEMANA

DÍA DE LA SEMANA /
FECHA

GASTO		€	€	€	€	€	€	€	TOTAL
	Transporte/ Goastos de viaje								
	Gastos en gasolina								
	Alimentos								
	Comida y bebida								
	Ropa, Otros								
	Material de lectura								
	Hobbies, deportes								
	Salidas (Cine, etc...)								

TOTAL

GASTO		SEMANA							

DÍA DE LA SEMANA / FECHA									

GASTO	€	€	€	€	€	€	€	TOTAL
Transporte/ Goastos de viaje								
Gastos en gasolina								
Alimentos								
Comida y bebida								
Ropa, Otros								
Material de lectura								
Hobbies, deportes								
Salidas (Cine, etc…)								
TOTAL								

SEMANA								

DÍA DE LA SEMANA / FECHA

GASTO	€	€	€	€	€	€	€	TOTAL
Transporte/ Goastos de viaje								
Gastos en gasolina								
Alimentos								
Comida y bebida								
Ropa, Otros								
Material de lectura								
Hobbies, deportes								
Salidas (Cine, etc...)								

TOTAL

GASTO		SEMANA							

DÍA DE LA SEMANA / FECHA								

GASTO	€	€	€	€	€	€	€	TOTAL
Transporte/ Goastos de viaje								
Gastos en gasolina								
Alimentos								
Comida y bebida								
Ropa, Otros								
Material de lectura								
Hobbies, deportes								
Salidas (Cine, etc...)								
TOTAL								

	SEMANA									

DÍA DE LA SEMANA / FECHA										
GASTO	€	€	€	€	€	€	€	€		TOTAL
Transporte/ Goastos de viaje										
Gastos en gasolina										
Alimentos										
Comida y bebida										
Ropa, Otros										
Material de lectura										
Hobbies, deportes										
Salidas (Cine, etc…)										
TOTAL										

	SEMANA								

DÍA DE LA SEMANA / FECHA									
GASTO	€	€	€	€	€	€	€	TOTAL
Transporte/ Goastos de viaje								
Gastos en gasolina								
Alimentos								
Comida y bebida								
Ropa, Otros								
Material de lectura								
Hobbies, deportes								
Salidas (Cine, etc…)								
TOTAL								

	SEMANA								

DÍA DE LA SEMANA / FECHA

GASTO	€	€	€	€	€	€	€	TOTAL
Transporte/ Goastos de viaje								
Gastos en gasolina								
Alimentos								
Comida y bebida								
Ropa, Otros								
Material de lectura								
Hobbies, deportes								
Salidas (Cine, etc...)								

TOTAL

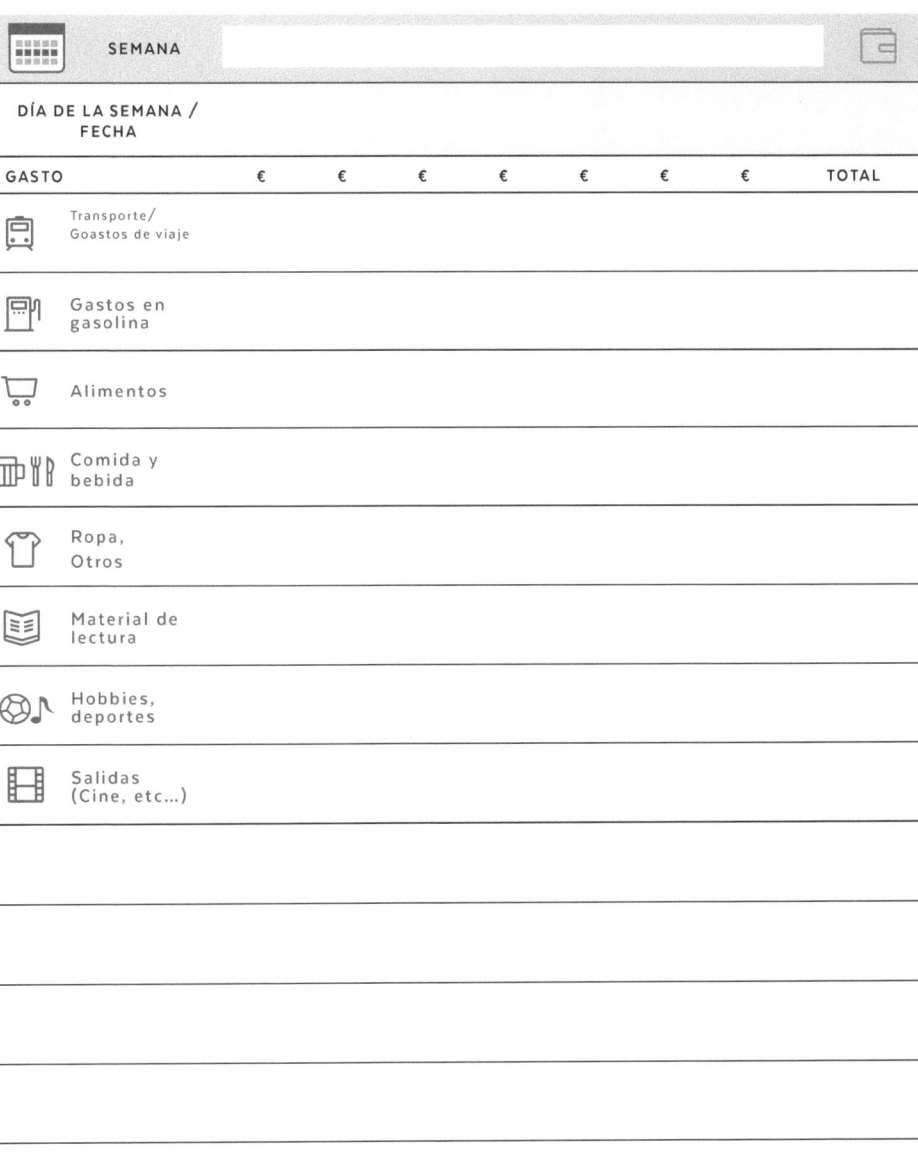

	SEMANA									

DÍA DE LA SEMANA / FECHA									

GASTO	€	€	€	€	€	€	€	TOTAL
Transporte/ Goastos de viaje								
Gastos en gasolina								
Alimentos								
Comida y bebida								
Ropa, Otros								
Material de lectura								
Hobbies, deportes								
Salidas (Cine, etc…)								

TOTAL

	SEMANA									

DÍA DE LA SEMANA / FECHA									

GASTO	€	€	€	€	€	€	€	€	TOTAL
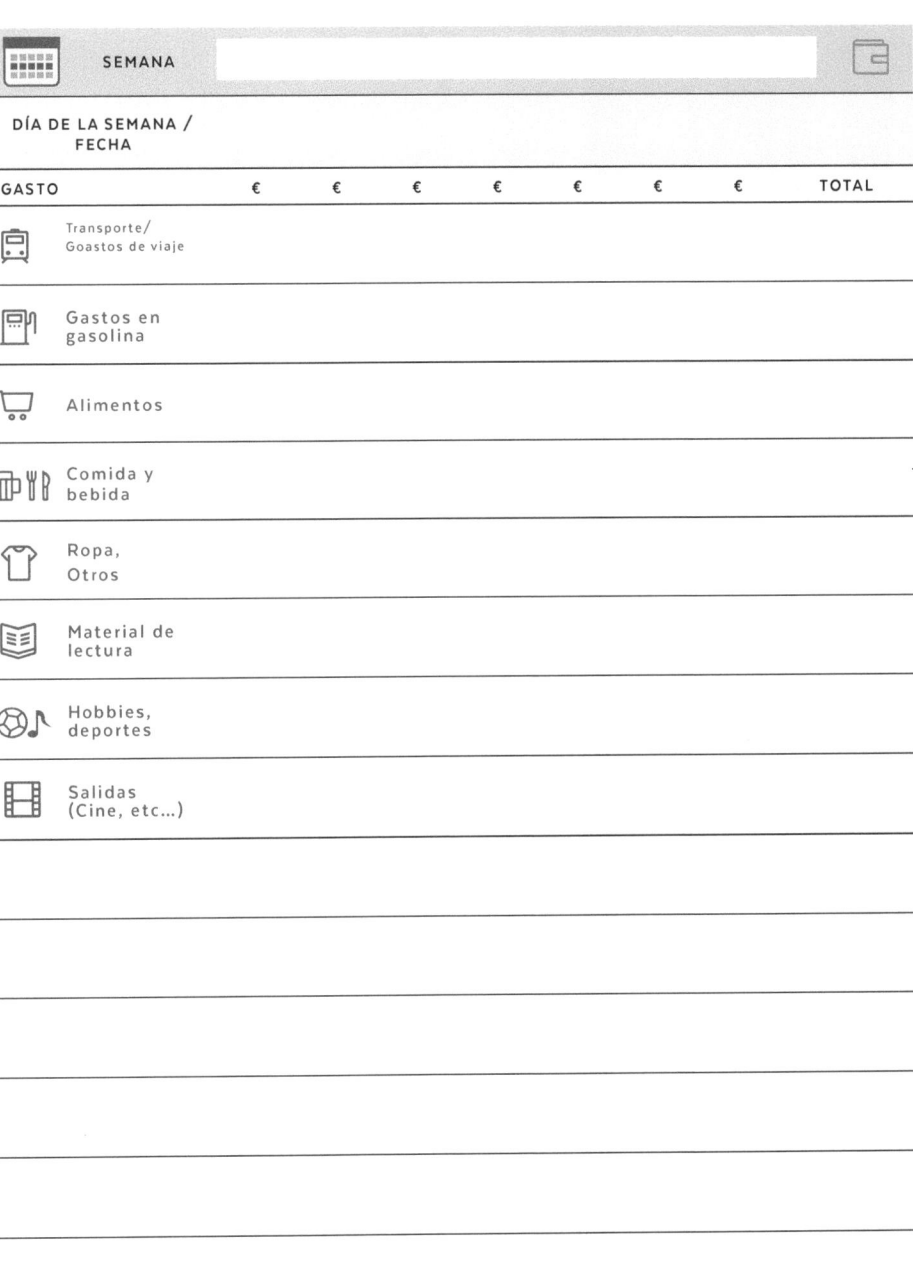 Transporte/ Goastos de viaje									
Gastos en gasolina									
Alimentos									
Comida y bebida									
Ropa, Otros									
Material de lectura									
Hobbies, deportes									
Salidas (Cine, etc…)									

TOTAL

GASTO		SEMANA							

DÍA DE LA SEMANA / FECHA									

GASTO	€	€	€	€	€	€	€	TOTAL
Transporte/ Goastos de viaje								
Gastos en gasolina								
Alimentos								
Comida y bebida								
Ropa, Otros								
Material de lectura								
Hobbies, deportes								
Salidas (Cine, etc…)								

TOTAL									

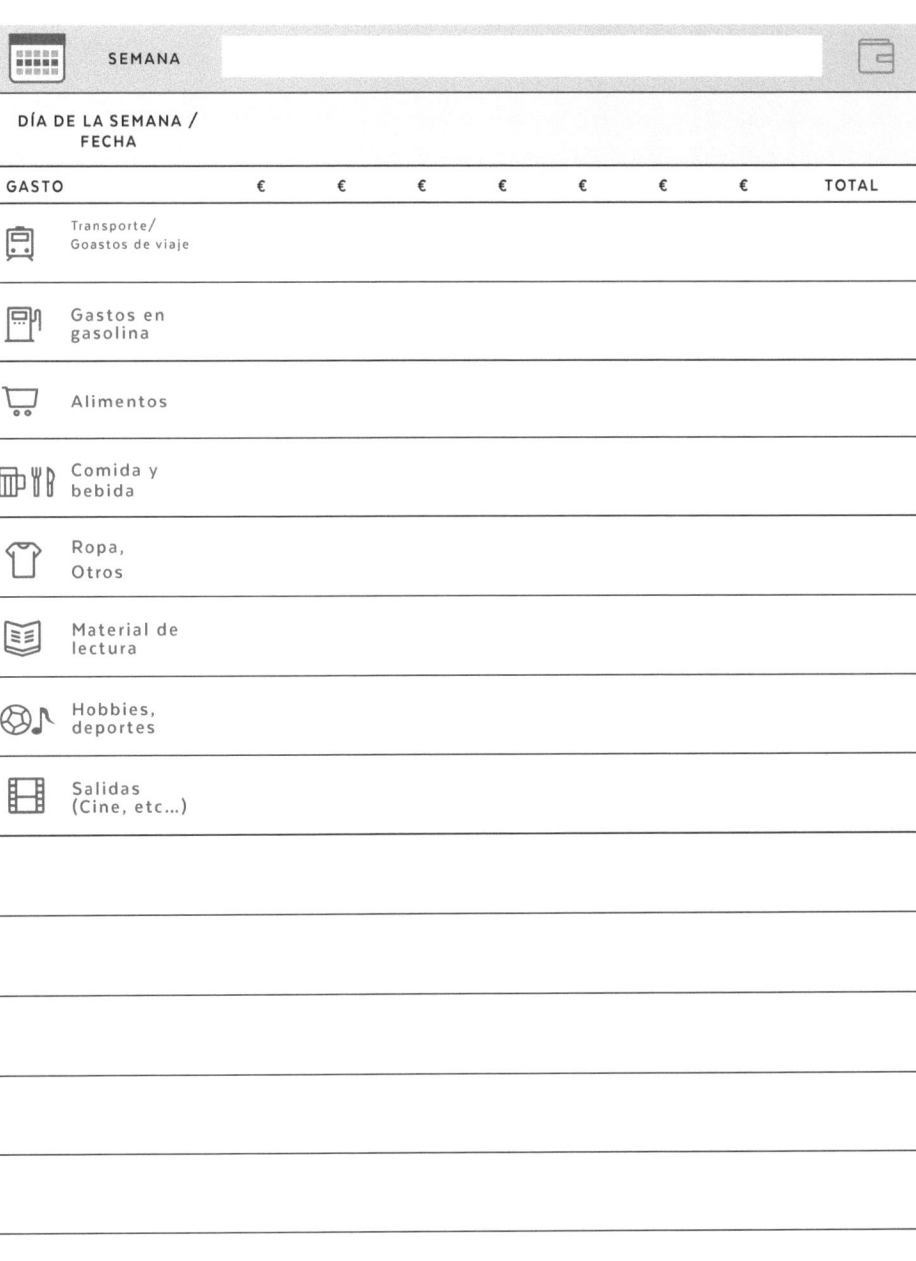

GASTO		€	€	€	€	€	€	€	TOTAL
	SEMANA								
	DÍA DE LA SEMANA / FECHA								
	Transporte/ Goastos de viaje								
	Gastos en gasolina								
	Alimentos								
	Comida y bebida								
	Ropa, Otros								
	Material de lectura								
	Hobbies, deportes								
	Salidas (Cine, etc…)								

TOTAL

GASTO	€	€	€	€	€	€	€	TOTAL

SEMANA

DÍA DE LA SEMANA / FECHA

	Transporte/ Goastos de viaje								
	Gastos en gasolina								
	Alimentos								
	Comida y bebida								
	Ropa, Otros								
	Material de lectura								
	Hobbies, deportes								
	Salidas (Cine, etc...)								

TOTAL

| SEMANA | | | | | | | | | |

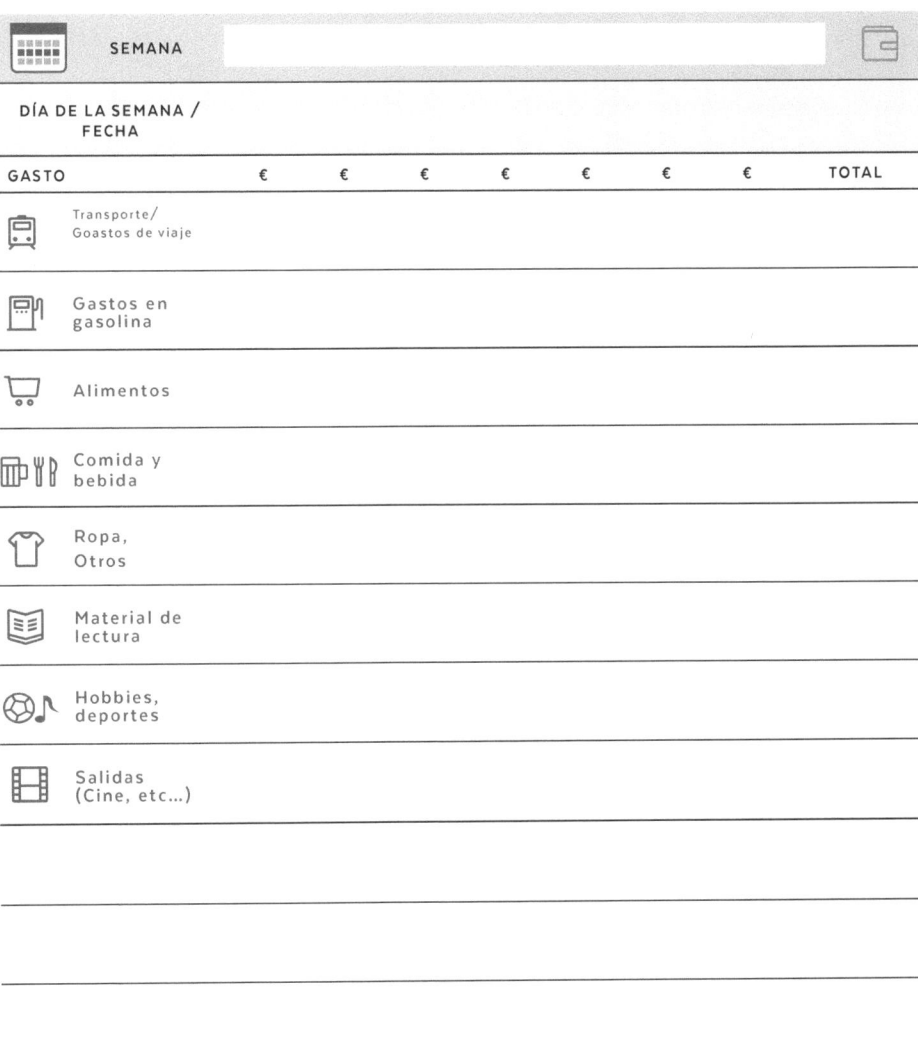

DÍA DE LA SEMANA / FECHA

GASTO	€	€	€	€	€	€	€	TOTAL
Transporte/ Goastos de viaje								
Gastos en gasolina								
Alimentos								
Comida y bebida								
Ropa, Otros								
Material de lectura								
Hobbies, deportes								
Salidas (Cine, etc...)								
TOTAL								

SEMANA								

DÍA DE LA SEMANA / FECHA

GASTO	€	€	€	€	€	€	€	TOTAL
Transporte/ Goastos de viaje								
Gastos en gasolina								
Alimentos								
Comida y bebida								
Ropa, Otros								
Material de lectura								
Hobbies, deportes								
Salidas (Cine, etc...)								

TOTAL

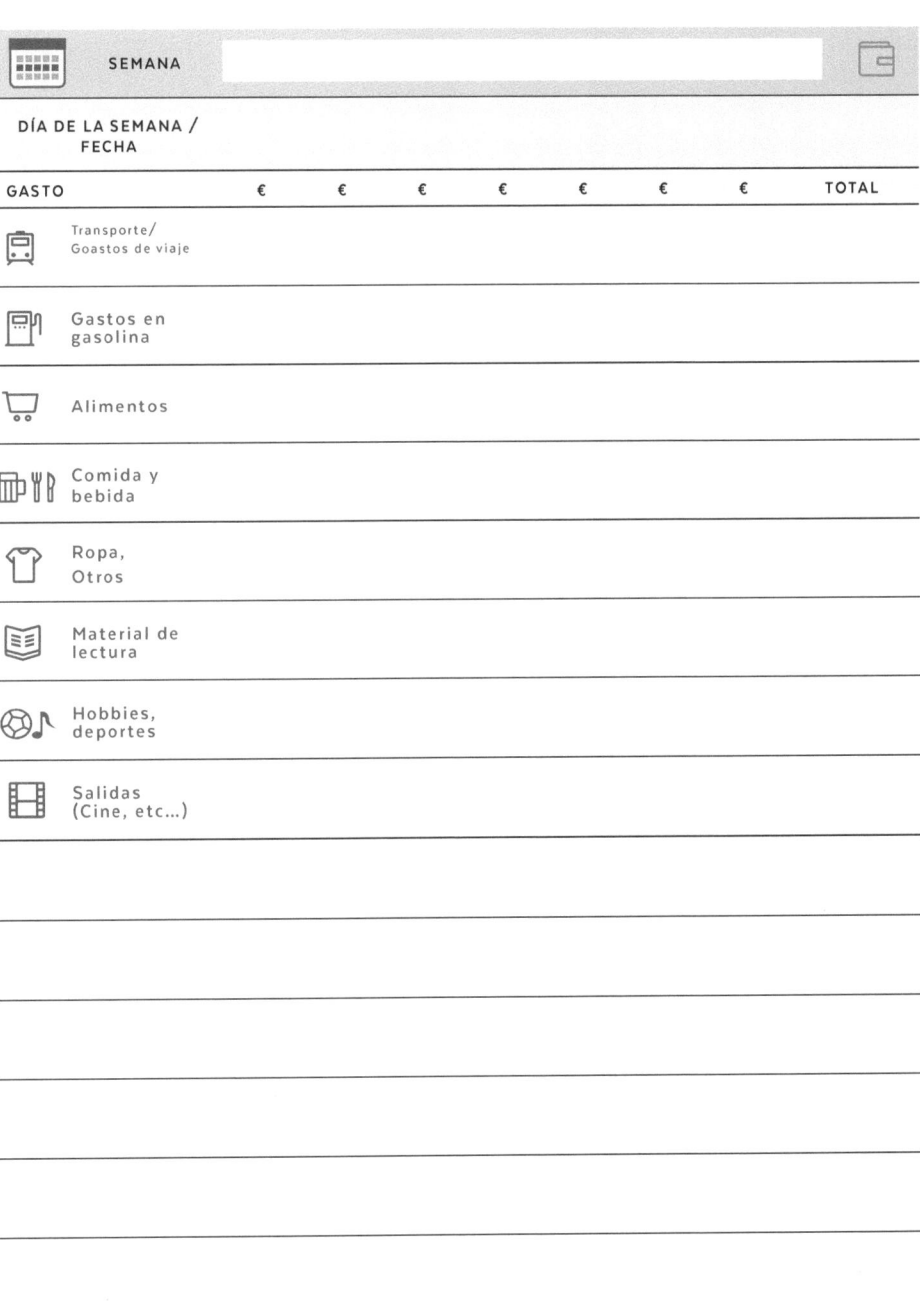

GASTO	€	€	€	€	€	€	€	TOTAL
SEMANA								
DÍA DE LA SEMANA / FECHA								
Transporte/ Goastos de viaje								
Gastos en gasolina								
Alimentos								
Comida y bebida								
Ropa, Otros								
Material de lectura								
Hobbies, deportes								
Salidas (Cine, etc...)								
TOTAL								

	SEMANA								

DÍA DE LA SEMANA / FECHA									

GASTO	€	€	€	€	€	€	€	TOTAL
Transporte/ Goastos de viaje								
Gastos en gasolina								
Alimentos								
Comida y bebida								
Ropa, Otros								
Material de lectura								
Hobbies, deportes								
Salidas (Cine, etc...)								

TOTAL									

SEMANA								

DÍA DE LA SEMANA / FECHA

GASTO	€	€	€	€	€	€	€	TOTAL
Transporte/ Goastos de viaje								
Gastos en gasolina								
Alimentos								
Comida y bebida								
Ropa, Otros								
Material de lectura								
Hobbies, deportes								
Salidas (Cine, etc…)								

TOTAL

	SEMANA								

DÍA DE LA SEMANA / FECHA

GASTO	€	€	€	€	€	€	€	TOTAL
Transporte/ Goastos de viaje								
Gastos en gasolina								
Alimentos								
Comida y bebida								
Ropa, Otros								
Material de lectura								
Hobbies, deportes								
Salidas (Cine, etc…)								

TOTAL

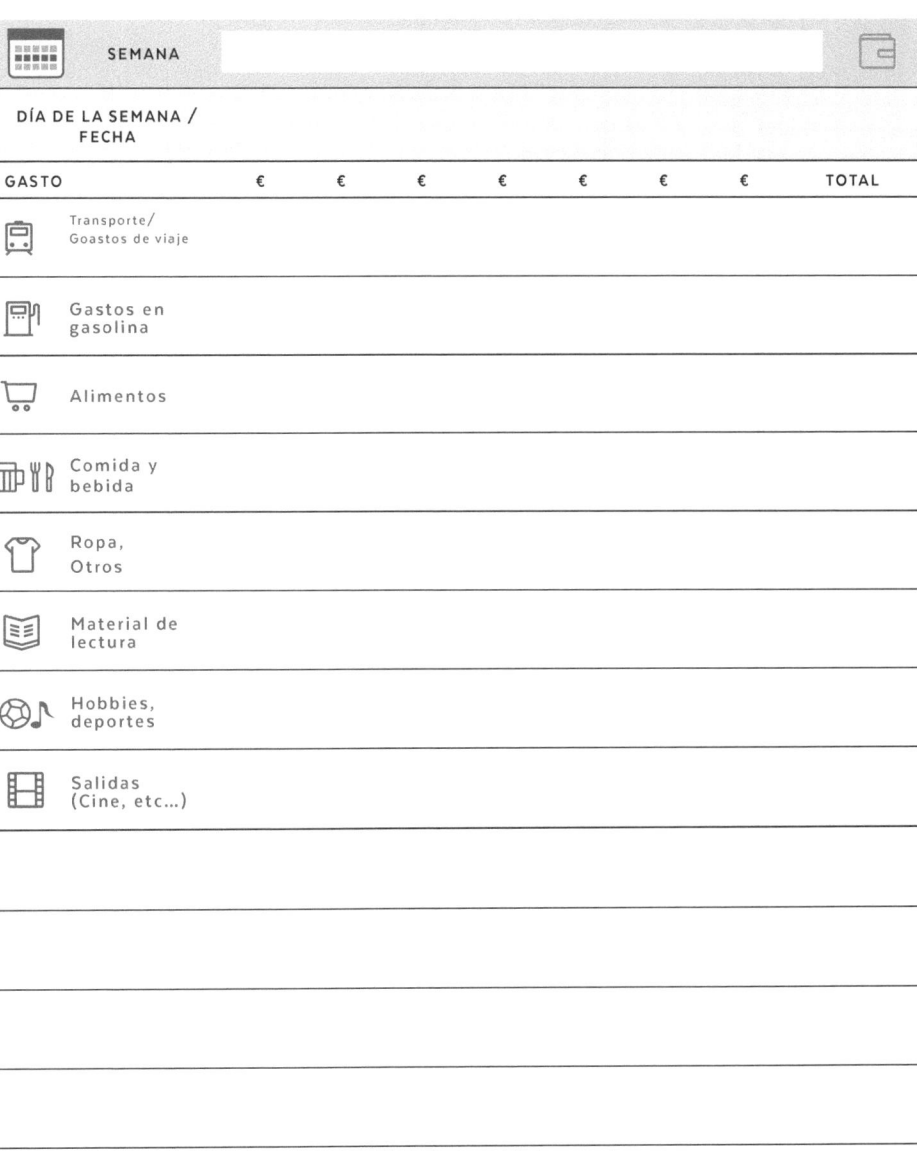

SEMANA								

DÍA DE LA SEMANA / FECHA

GASTO	€	€	€	€	€	€	€	TOTAL
Transporte/ Goastos de viaje								
Gastos en gasolina								
Alimentos								
Comida y bebida								
Ropa, Otros								
Material de lectura								
Hobbies, deportes								
Salidas (Cine, etc…)								
TOTAL								

SEMANA									

DÍA DE LA SEMANA / FECHA									
GASTO	€	€	€	€	€	€	€	TOTAL

GASTO	€	€	€	€	€	€	€	TOTAL
Transporte/ Goastos de viaje								
Gastos en gasolina								
Alimentos								
Comida y bebida								
Ropa, Otros								
Material de lectura								
Hobbies, deportes								
Salidas (Cine, etc...)								
TOTAL								

SEMANA									

DÍA DE LA SEMANA / FECHA									

GASTO	€	€	€	€	€	€	€	TOTAL
Transporte/ Goastos de viaje								
Gastos en gasolina								
Alimentos								
Comida y bebida								
Ropa, Otros								
Material de lectura								
Hobbies, deportes								
Salidas (Cine, etc…)								

TOTAL

	SEMANA								

DÍA DE LA SEMANA / FECHA									
GASTO	€	€	€	€	€	€	€		TOTAL
Transporte/ Goastos de viaje									
Gastos en gasolina									
Alimentos									
Comida y bebida									
Ropa, Otros									
Material de lectura									
Hobbies, deportes									
Salidas (Cine, etc...)									

TOTAL	

	SEMANA								

DÍA DE LA SEMANA / FECHA

GASTO	€	€	€	€	€	€	€	TOTAL
Transporte/ Goastos de viaje								
Gastos en gasolina								
Alimentos								
Comida y bebida								
Ropa, Otros								
Material de lectura								
Hobbies, deportes								
Salidas (Cine, etc...)								

TOTAL

RESUMEN MENSUAL

 MES			
GASTOS	**€**	**GASTOS**	**€**
⌂ ALQUILER			
✛ GASTOS ADICIONALES			
PRÉSTAMOS/ PAGO DE PENSIÓN			
SEGUROS			
⏱ AHORROS			
▯ GASTOS POR TELÉFONO MÓVIL			
GASTOS POR TELÉFONO DE LÍNEA/ FIJO			
GASTOS POR INTERNET			
IMPUESTOS POR VEHÍCULOS			
BILLETES (TREN/TRANVÍA)			
⬭ ATENCIÓN MÉDICA			
CUOTAS DE ASOCIACIONES			
SUSCRIPCIONES		**TOTAL**	
SUMA		**SUMA**	

RESUMEN MENSUAL

GASTOS	€	GANANCIAS	€
SEMANA 1			
SEMANA 2			
SEMANA 3			
SEMANA 4			
SEMANA 5			
GASTOS MENSUALES			
TOTAL			

ANOTACIONES	
	TOTAL

RESUMEN MENSUAL

GANANCIAS	€
GASTOS	€
AHORRADO	€

 MES			
GASTOS	€	GASTOS	€
🏠 ALQUILER			
➕ GASTOS ADICIONALES			
💵 PRÉSTAMOS/ PAGO DE PENSIÓN			
📇 SEGUROS			
⏲ AHORROS			
📱 GASTOS POR TELÉFONO MÓVIL			
☎ GASTOS POR TELÉFONO DE LÍNEA/ FIJO			
🌐 GASTOS POR INTERNET			
🚗 IMPUESTOS POR VEHÍCULOS			
💳 BILLETES (TREN/TRANVÍA)			
💊 ATENCIÓN MÉDICA			
🛡 CUOTAS DE ASOCIACIONES			
📇 SUSCRIPCIONES		TOTAL	
SUMA		SUMA	

RESUMEN MENSUAL

GASTOS	€	GANANCIAS	€
📅 SEMANA 1			
📅 SEMANA 2			
📅 SEMANA 3			
📅 SEMANA 4			
📅 SEMANA 5			
📅 GASTOS MENSUALES			
TOTAL			

ANOTACIONES		
	TOTAL	

RESUMEN MENSUAL

GANANCIAS	€	
GASTOS	€	
AHORRADO	€	

 MES

GASTOS	€	GASTOS	€
⌂ ALQUILER			
✛ GASTOS ADICIONALES			
▭ PRÉSTAMOS/ PAGO DE PENSIÓN			
▤ SEGUROS			
⏱ AHORROS			
▯ GASTOS POR TELÉFONO MÓVIL			
▦ GASTOS POR TELÉFONO DE LÍNEA/ FIJO			
⊕ GASTOS POR INTERNET			
⛟ IMPUESTOS POR VEHÍCULOS			
▭ BILLETES (TREN/TRANVÍA)			
⬭ ATENCIÓN MÉDICA			
⛨ CUOTAS DE ASOCIACIONES			
▤ SUSCRIPCIONES		TOTAL	
SUMA		SUMA	

RESUMEN MENSUAL

GASTOS	€	GANANCIAS	€
📅 SEMANA 1			
📅 SEMANA 2			
📅 SEMANA 3			
📅 SEMANA 4			
📅 SEMANA 5			
📅 GASTOS MENSUALES			
TOTAL			

ANOTACIONES		
	TOTAL	
	RESUMEN MENSUAL	
	GANANCIAS	€
	GASTOS	€
	AHORRADO	€

 **MES**

GASTOS	€	GASTOS	€
⌂ ALQUILER			
✛ GASTOS ADICIONALES			
▭ PRÉSTAMOS/ PAGO DE PENSIÓN			
▤ SEGUROS			
⊙ AHORROS			
▯ GASTOS POR TELÉFONO MÓVIL			
▦ GASTOS POR TELÉFONO DE LÍNEA/ FIJO			
⊕ GASTOS POR INTERNET			
⛬ IMPUESTOS POR VEHÍCULOS			
▭ BILLETES (TREN/TRANVÍA)			
✎ ATENCIÓN MÉDICA			
▤ CUOTAS DE ASOCIACIONES			
▥ SUSCRIPCIONES		TOTAL	
SUMA		SUMA	

RESUMEN MENSUAL

GASTOS	€	GANANCIAS	€
📅 SEMANA 1			
📅 SEMANA 2			
📅 SEMANA 3			
📅 SEMANA 4			
📅 SEMANA 5			
📅 GASTOS MENSUALES			
TOTAL			

ANOTACIONES			
	TOTAL		
	RESUMEN MENSUAL		
	GANANCIAS	€	
	GASTOS	€	
	AHORRADO	€	

 **MES**

GASTOS	€	GASTOS	€
ALQUILER			
GASTOS ADICIONALES			
PRÉSTAMOS/ PAGO DE PENSIÓN			
SEGUROS			
AHORROS			
GASTOS POR TELÉFONO MÓVIL			
GASTOS POR TELÉFONO DE LÍNEA/ FIJO			
GASTOS POR INTERNET			
IMPUESTOS POR VEHÍCULOS			
BILLETES (TREN/TRANVÍA)			
ATENCIÓN MÉDICA			
CUOTAS DE ASOCIACIONES			
SUSCRIPCIONES		TOTAL	
SUMA		SUMA	

RESUMEN MENSUAL

GASTOS	€	GANANCIAS	€
📅 SEMANA 1			
📅 SEMANA 2			
📅 SEMANA 3			
📅 SEMANA 4			
📅 SEMANA 5			
📅 GASTOS MENSUALES			
TOTAL			

ANOTACIONES		
	TOTAL	
	RESUMEN MENSUAL	
	GANANCIAS	€
	GASTOS	€
	AHORRADO	€

 MES			
GASTOS	**€**	**GASTOS**	**€**
⌂ ALQUILER			
✚ GASTOS ADICIONALES			
💵 PRÉSTAMOS/ PAGO DE PENSIÓN			
📰 SEGUROS			
🐷 AHORROS			
📱 GASTOS POR TELÉFONO MÓVIL			
☎ GASTOS POR TELÉFONO DE LÍNEA/ FIJO			
🌐 GASTOS POR INTERNET			
🚗 IMPUESTOS POR VEHÍCULOS			
🎫 BILLETES (TREN/TRANVÍA)			
💊 ATENCIÓN MÉDICA			
🛡 CUOTAS DE ASOCIACIONES			
📰 SUSCRIPCIONES		**TOTAL**	
SUMA		**SUMA**	

RESUMEN MENSUAL

GASTOS	€	GANANCIAS	€
📅 SEMANA 1			
📅 SEMANA 2			
📅 SEMANA 3			
📅 SEMANA 4			
📅 SEMANA 5			
📅 GASTOS MENSUALES			
TOTAL			

ANOTACIONES		
	TOTAL	
	RESUMEN MENSUAL	
	GANANCIAS	€
	GASTOS	€
	AHORRADO	€

 **MES**

GASTOS	€	GASTOS	€
ALQUILER			
GASTOS ADICIONALES			
PRÉSTAMOS/ PAGO DE PENSIÓN			
SEGUROS			
AHORROS			
GASTOS POR TELÉFONO MÓVIL			
GASTOS POR TELÉFONO DE LÍNEA/ FIJO			
GASTOS POR INTERNET			
IMPUESTOS POR VEHÍCULOS			
BILLETES (TREN/TRANVÍA)			
ATENCIÓN MÉDICA			
CUOTAS DE ASOCIACIONES			
SUSCRIPCIONES		TOTAL	
SUMA		SUMA	

RESUMEN MENSUAL

GASTOS	€	GANANCIAS	€
SEMANA 1			
SEMANA 2			
SEMANA 3			
SEMANA 4			
SEMANA 5			
GASTOS MENSUALES			
TOTAL			

ANOTACIONES		
	TOTAL	
	RESUMEN MENSUAL	
	GANANCIAS	€
	GASTOS	€
	AHORRADO	€

MES

GASTOS	€	GASTOS	€
ALQUILER			
GASTOS ADICIONALES			
PRÉSTAMOS/ PAGO DE PENSIÓN			
SEGUROS			
AHORROS			
GASTOS POR TELÉFONO MÓVIL			
GASTOS POR TELÉFONO DE LÍNEA/ FIJO			
GASTOS POR INTERNET			
IMPUESTOS POR VEHÍCULOS			
BILLETES (TREN/TRANVÍA)			
ATENCIÓN MÉDICA			
CUOTAS DE ASOCIACIONES			
SUSCRIPCIONES		TOTAL	
SUMA		SUMA	

RESUMEN MENSUAL

GASTOS	€	GANANCIAS	€
SEMANA 1			
SEMANA 2			
SEMANA 3			
SEMANA 4			
SEMANA 5			
GASTOS MENSUALES			
TOTAL			

ANOTACIONES	
	TOTAL

RESUMEN MENSUAL

GANANCIAS	€
GASTOS	€
AHORRADO	€

 MES			
GASTOS	€	GASTOS	€
⌂ ALQUILER			
✚ GASTOS ADICIONALES			
▭ PRÉSTAMOS/ PAGO DE PENSIÓN			
▤ SEGUROS			
⊙ AHORROS			
▯ GASTOS POR TELÉFONO MÓVIL			
▦ GASTOS POR TELÉFONO DE LÍNEA/ FIJO			
⊕ GASTOS POR INTERNET			
⛐ IMPUESTOS POR VEHÍCULOS			
▭ BILLETES (TREN/TRANVÍA)			
◌ ATENCIÓN MÉDICA			
⛨ CUOTAS DE ASOCIACIONES			
▦ SUSCRIPCIONES		TOTAL	
SUMA		SUMA	

RESUMEN MENSUAL

GASTOS	€	GANANCIAS	€
SEMANA 1			
SEMANA 2			
SEMANA 3			
SEMANA 4			
SEMANA 5			
GASTOS MENSUALES			
TOTAL			

ANOTACIONES			
		TOTAL	

RESUMEN MENSUAL

GANANCIAS	€
GASTOS	€
AHORRADO	€

 **MES**

GASTOS	€	GASTOS	€
🏠 ALQUILER			
➕ GASTOS ADICIONALES			
💵 PRÉSTAMOS/ PAGO DE PENSIÓN			
📑 SEGUROS			
⏲ AHORROS			
📱 GASTOS POR TELÉFONO MÓVIL			
☎ GASTOS POR TELÉFONO DE LÍNEA/ FIJO			
🌐 GASTOS POR INTERNET			
🚗 IMPUESTOS POR VEHÍCULOS			
💳 BILLETES (TREN/TRANVÍA)			
🏷 ATENCIÓN MÉDICA			
🛡 CUOTAS DE ASOCIACIONES			
📰 SUSCRIPCIONES		TOTAL	
SUMA		SUMA	

RESUMEN MENSUAL

GASTOS	€	GANANCIAS	€
📅 SEMANA 1			
📅 SEMANA 2			
📅 SEMANA 3			
📅 SEMANA 4			
📅 SEMANA 5			
📅 GASTOS MENSUALES			
TOTAL			

ANOTACIONES			
		TOTAL	
		RESUMEN MENSUAL	
		GANANCIAS	€
		GASTOS	€
		AHORRADO	€

 **MES**

GASTOS	€	GASTOS	€
ALQUILER			
GASTOS ADICIONALES			
PRÉSTAMOS/ PAGO DE PENSIÓN			
SEGUROS			
AHORROS			
GASTOS POR TELÉFONO MÓVIL			
GASTOS POR TELÉFONO DE LÍNEA/ FIJO			
GASTOS POR INTERNET			
IMPUESTOS POR VEHÍCULOS			
BILLETES (TREN/TRANVÍA)			
ATENCIÓN MÉDICA			
CUOTAS DE ASOCIACIONES			
SUSCRIPCIONES		TOTAL	
SUMA		SUMA	

RESUMEN MENSUAL

GASTOS	€	GANANCIAS	€
📅 SEMANA 1			
📅 SEMANA 2			
📅 SEMANA 3			
📅 SEMANA 4			
📅 SEMANA 5			
📅 GASTOS MENSUALES			
TOTAL			

ANOTACIONES			
		TOTAL	
		RESUMEN MENSUAL	
		GANANCIAS	€
		GASTOS	€
		AHORRADO	€

 **MES**

GASTOS	€	GASTOS	€
⌂ ALQUILER			
✚ GASTOS ADICIONALES			
▭ PRÉSTAMOS/ PAGO DE PENSIÓN			
▯ SEGUROS			
⊙ AHORROS			
▯ GASTOS POR TELÉFONO MÓVIL			
▦ GASTOS POR TELÉFONO DE LÍNEA/ FIJO			
⊕ GASTOS POR INTERNET			
⛟ IMPUESTOS POR VEHÍCULOS			
▭ BILLETES (TREN/TRANVÍA)			
⬭ ATENCIÓN MÉDICA			
⛨ CUOTAS DE ASOCIACIONES			
▤ SUSCRIPCIONES		**TOTAL**	
SUMA		**SUMA**	

RESUMEN MENSUAL

GASTOS	€	GANANCIAS	€
SEMANA 1			
SEMANA 2			
SEMANA 3			
SEMANA 4			
SEMANA 5			
GASTOS MENSUALES			
TOTAL			

ANOTACIONES			
		TOTAL	

RESUMEN MENSUAL	
GANANCIAS	€
GASTOS	€
AHORRADO	€

Impreso y editado por Books on Demand GmbH
info@bod.com.es - www.bod.com.es
Impreso en Alemania – Printed in Germany

ISBN: 978-8-4132-6049-5

Impressum

Feddback

feedback@mertens-publication.de

1. Auflage
2018 Mertens Verlagsgruppe
Mertens Ventures Ltd.
Tefkrou Anthia No 2 Office 301
6045 Larnaca
Zypern
E-Mail: kontakt@mertens-publication.de

NOTAS